AF176527

Vorwort

Dieses Buch ist aus einer unvermeidlich machen müssenden Erfahrung und der Tatsache entstanden Glück für Zwei gesucht aber nicht gefunden zu haben sondern stattdessen nur eine sich so und noch anders nennende Partnervermittlungsagentur mit dem Versprechen ohne Garantie bis zum Erfolg.

Eine Partnervermittlungsagentur die sich das Verbinden einsamer Herzen zur Expertise und zu einem einträglichem Geschäft gemacht hat. Das hört sich professionell an, ist es aber nicht.

Das Buch dient nicht nur als persönlicher Ratgeber sondern zugleich auch als Warnung an alle diejenigen Menschen, die sich in einer ähnlichen Situation befinden und hinsichtlich der Partnersuche, aus welchen Gründen auch immer, mit den Gedanken spielen sich einer Dateingagentur, Singlebörse oder Partner,- oder Heiratsvermittlungsagentur anzuvertrauen.

Die Suche nach einen liebenswerten, zuverlässigen und vertrauenswürdigen Partner ist heutzutage alles andere als ein Kinderspiel. Es ist vielmehr zu einem abenteuerlichen und kostspieligen Glücksspiel in einer dafür künstlich geschaffenen Welt geworden.

Weitaus schlimmer geht es bekanntlich immer und genau das Problem stellt sich auch nach der Erkenntnis und den gemachten Erfahrungen mit den vielen schwarzen Schafen und den zahlreichen, undurchsichtigen Angeboten auf dem Markt sowie der sich überschlagenden Nachfrage über den sich seriös nennenden Dateingagenturen, Singlebörsen, Partner-, und, oder Heiratsvermittlungsagenturen danach als solches, ja, wenn nicht sogar noch als ein viel komplizierteres und schlimmeres Problem dar.

Die Zahl der künstlichen Angebote, die so genannten anonymisierten Lockvogelangebote oder FAKE's sind mit Witterung des knallhart umkämpften Marktes einsamer, verlorener Herzen, verschiedenster Anbieter zahlreich vertreten und regelrecht zu einem vertraglichem Gesetz und Recht umgehen könnendes und Verbraucher prellendes Geschäft verkommen.

Die wesentliche Information oder die Details bleiben ihnen nämlich verborgen oder stehen irgendwo im Kleingedruckten der Allgemeinen Geschäftsbedingungen und wenn nicht da, dann versteckt oder ver§chleiert in den Vertragsbestimmungen, Zusatz- und, oder Vermittlungsvereinbarungen, sodass mögliche rechtliche Konsequenzen in der kurzen Zeit und im Endergebnis für und gegen den Kunden weder nachvollziehbar noch vorstellbar sind.

Wenn ihnen eine Partnervermittlungs- oder Dateingagentur überhaupt etwas nützt, dann allerhöchstens als Unterstützung oder zutreffender gesagt nicht mehr als Unterhaltung, wenn auch nur schlechte und nicht die Vereinbarte. Nicht jedoch aber bei der Suche oder dem Finden eines Partners. In der Hinsicht steht das Preis-/Leistungs- und Nutzungsverhältnis, aufgrund des überfluteten und den oftmals künstlich erzeugten Angeboten und Nachfragen eines überlaufenden Marktes, in einem insgesamt recht fragwürdigem Verhältnis. Nicht nur bei den Kosten sondern auch und vor allem in der Vertrauens- und Glaubwürdigkeit hinsichtlich dem Gesagten, Vereinbarten, der Moral, Ethik und seiner Gesetz- und Rechtsmäßigkeit.

Es erklärt jedoch aber die teilweise völlig überzogenen Honorare oder Kosten für eine oftmals gar nicht leisten könnenden und, oder wollenden Dienstleistung. Viele Agenturen, insbesondere die allseits bekannten rechtsmissbräuchlichen schwarzen Schafe auf dem überreizten Markt bieten ihnen natürlich arglistig und stillschweigend darüber bewahrend ihre Dienstleistungen mit freundlicher Unterstützung der Bundesregierung und in Ohnmacht fallender Rechtsprechung und, oder Rechtswesens und latürnich – Im Namen und Wohle des Volkes – offenkundig seriös an.

Bibliografische Information der Deutschen Nationalbibliothek: Die Deutsche Nationalbibliothek verzeichnet diese Publikation in der Deutschen Nationalbibliografie; detaillierte bibliografische Daten sind im Internet über dnb.dnb.de abrufbar.

© 2022 Marco Banse

Herstellung und Verlag: BoD – Books on Demand, Norderstedt

ISBN: 978-3-7543-7930-1

Es gab dazu ja bereits auch mehrfache Fernsehberichte und, oder Warnungen, wenn auch zu spät und, bis auf die Dokumentation und, oder Berichterstattung, nichts wirklich dagegen ausrichten wollen oder können.

Deshalb wird ihnen letztlich auch weiterhin nichts als rechts-bürokratische Absichts- und Ausschlusserklärungen zur rechtlichen Absicherungen etwaiger Rechtsansprüchen bei Nichteinhaltung oder anderen Problemen die sich hinsichtlich der vertraglich vereinbarten Dienstleistung rechtlich letztlich mit den Vertragsinhalten und den beworbenen Dienstleistungen ergeben und, oder im Ganzen widersprechen und gegenseitig ausschließen.

Diese Agenturen haben sich nämlich nicht darauf spezialisiert sie bis zum Erfolg zu vermitteln. Nein. Sondern vielmehr sich darauf spezialisiert mit dubiosen, unverständlichen Verträgen und vermeintlich bietenden Dienstleistungen sich an ihren potentiellen Kunden rechtswirksam abzusichern und zu bereichern.

Die Nachfrage nach einem Traumpartner sowie der Notstand potentieller vermittelbarer Kunden ist immens. Die hohe Nachfrage und die fehlenden Angebote nützen natürlich nur den seriösen Partnervermittlungsagenturen etwas und genau das haben die genauso, wie auch der Rechtsstaat, für sich erkannt und die Gesetze sowie die Verträge entsprechend profitabel und nichts und niemanden nützend außer sich selbst, angepasst.

Kapitalismus heißt eben auf gut Deutsch nichts anderes als sich und seinen Allerwertesten irgendwie nur möglich gewinnbringend zu vermarkten und, oder vermarkten zu lassen.

Die Vermittlungsagenturen können sich somit sozusagen nahezu problemlos mit rechtsstaatlicher Unterstützung Ihre potentiellen Kunden bereichern ohne auch nur irgendetwas von dem Beworbenen oder Versprochenen tatsächlich erbringen, leisten oder gewährleisten zu müssen.

Es wird Ihnen vielmehr alles nur seriös vorgegaukelt und schöngeredet, um sie zu ihrem Glück oder zutreffender gesagt Vertragsabschluss zu bewegen, welcher letztlich aber nur einer vertraglich vereinbarten und rechtswirksamen Vermögensenteignung gleich kommt, statt einer Vermittlung nach ihren Wünschen und Vorstellungen oder dem von den Agenturen eigentlich Beworbenen, nach Expertise und im Interesse des Kunden und nicht ausschließlich nach den eigenen Interessen.

Eine Partnervermittlung individuell nach den Interessen und der Zufriedenheit seiner Kundschaft und der langjährigen Expertise und nicht nach Desinteresse der Kunden oder eigenen Interessen nach Ab- und Ausschluss der vertraglich sich selbst ausschließenden Dienstleistungen selbst mit Rabatt und ohne Garantie bis zum Erfolg.

Bitte machen sie also nicht denselben dämlichen Fehler sowie ich und mit freundlicher rechtsstaatlicher Unterstützung und den Gerichten schmieren lassenden oder sich selbst meinungsbildenden Tatsachen, Sachverhalte sowie recht bedenklichen, fragwürdigen und 180° Grad drehbaren Rechtssprechung ihr erarbeitetes und gespartes Vermögen für Nichts und wieder Nichts, außer viel Ärger, verschwendete Lebenszeit, unnötigen Kosten und Nerven, berauben.

Einen geeigneten Partner für ein gemeinsames vollkommenes, glückliches und zufriedenes Leben zu finden und das auch zu (er)leben das ist in einer zivilisierten, also fortschrittlich hochmodernen und sich tagtäglich sowohl moralisch als auch rechtlich verändernden und immer schneller drehenden und sich dabei stets weiter zurück entwickelnden Gesellschaft, Welt und Zeit wohl nicht mehr zeitgemäß und, oder rechtsstaatlich einfach nicht erwünscht.

Zeiten und Gegebenheiten ändern sich halt. Heute lebt man einem nicht mehr allein daheim sondern gemeinsam einsam mobil nach Gesetzesvorgabe und Vorschrift. Eben halt sowie es in einer Haftanstalt von kurz nach 1945 üblich war oder ist. Bedarfs bezogen, gleichgestellt, gleichberechtigt kontrolliert und selbstbestimmt.

Ich hoffe mein Ratgeber erreicht sie noch bevor sie ein Schicksal sowie es mich einst - Im Namen des Volkes – erreicht hat und sie noch rechtzeitig vor den sich seriös nennenden Partnervermittlungsagenturen als auch vor den nicht selten mitspielenden und, oder gerne in Ohnmacht fallenden Gerichten, den Handlangern der Judikative oder dem Rechts(un)wesen in diesem Lande und ihren recht fragwürdigen aber rechtlich unbedenklichen Glück für Zwei, Einigkeit, Recht und Freiheit preisenden Gesetzen, Rechte und Pflichten.

Geschäftspraktiken, Verträgen und vor allem Rechts(folge) -belehrungen und Rechtsausschlüsse genau sowie den recht(-lich) fragwürdigen und den sich mehr als nur widersprüchlichen gemachten unangenehmen Erfahrungen sowie den Kosten und den Folgen einer gleichberechtigten, rechtsstaatlichen, deutsch-na(r)zistischen psychotherapeutischen Therapieneurose zum Selbstkostenerstattungspreis, statt, wie geplant, besprochen und beworben, eine Investition in die Zukunft mit Glück für Zwei, warnen.

Es gibt da sicherlich weitaus angenehmere und kostengünstigere Dinge oder Sachen die man machen kann und sollte, um sich und andere Menschen entgeltlich zu denunzieren, diskriminieren und, oder sich öffentlich-rechtlich und, oder von Privat demütigen und, oder schikanieren und rechtsstaatlich vernichtend, rechtmäßig statt gemäß dennoch aber rechtswirksam über den Tisch ziehen zu lassen.

Nun, ja. Wie dem auch sei. Die Haupt§ache ist der marode Wohlfahrtsstaat konnte sich, wie nicht anders gewohnt, auf Kosten anderer bundesrechtlich (s)einen Mord§§paß erlauben und sich bereichern. Was bedeutet denn heute auch schon Glück und, oder eine Investition in die Zukunft?

Da können sie denken, glaubenoder machen was sie wollen únd, oder es wie der korrupte Rechtsstaat machen, die BILD Zeitung lesen und, oder sich ihre eigene Meinung bilden. Die Wahrheit interessiert trotz Fakten letztlich niemanden. Täter werden da gerne zu Opfer und andersherum gemacht und, oder wie erklären sie sich sonst, wieso, weshalb und warum größtenteils Kriminelle regieren und die Existenzen von Menschen vernichtet werden und, oder zu Hauf unschuldig im Knast sitzen?

Hurerei, Menschenhandel, Raubmord und, oder Zuhälterei ist nunmal mehr in einem anti-christlich sich etablierten Rechtsstaat zur alltäglichen Geschäftspraktik und zur Normalität geworden und nichts anderes mehr als alltäglich Brot und, oder Geschäft.

Im Rechtsstreit vor Gericht heißt es nämlich nicht selten dämlich selber Schuld oder …

Erst kommt das Geld und dann die Moral.

Und Dummheit schützt vor Strafe nicht.

Im Zweifel für den Angeklagten ..

…. ist alles bestens und rechtens.

Entgegen jeglichem Versprechen, Vereinbarungen oder sozialdemokratischem Rechtsverständnisses, wie beispielsweise eine faire Gerichtsverhandlung, wird man letztlich nur arglistig und hinterfotzig auf respektlosester Art und Weise seiner (Gut-, und, oder Gott) Gläubigkeit, Hoffnung, Gesundheit, Moral- und Rechtsverständnisses samt Vermögen, Existenzsicherung und Zukunftsinvestition, rechtsstaatlich garantiert und rechtswirksam beraubt.

Vielen lieben Dank auch nochmal dafür und die viel- bzw. erfolgversprechende Vernichtung meiner Existenz- und Zukunftsinvestition. Die mich psychisch als auch physisch stark geschädigten Belastungen sowie der finanziellewn Unterstützung und den Folgen daraus bedanke ich mich postwendend.

Glück für Zwei oder wie auch immer die Werbung und das Versprechen seriöser, individuell beratender und vermittelnder Agenturen oder Firmen lauten, tummeln sich, wie so viele seriös arbeitende schwarze Schafe auf dem knallhart umworbenen und umkämpften Markt einsamer Herzen und wollen genau, wie die Hure Justitia und Ihre Zuhälter in diesem Land nur das Eine. Ihr Bestes. Ihr Geld. Nein. Blödsinn. Glück für ... und natürlich Einigkeit, Recht und Freiheit.

Demokratie. Freie Meinungsäußerung, Gleichberechtigung. usw. eben eigentlich alles das, was das Leben hierzulande unerträglich aber lebenswert macht oder besser gesagt machen sollte.

Ihre Rechte als Bürger, Mensch oder Verbraucher hinsichtlich vertragsrechtlichem Zustandekommen, Ausführung und der (Nicht-) Erbringung und, oder (Nicht-) Erfüllung recht fragwürdiger und bedenklicher, nichts und niemanden helfenden oder nützenden Verträgen und Dienstleistungen, die interessiert den Gesetzgeber mit seinen 3 Säulen der Gesetzlosigkeit oder den unglaubwürdigen toitschen Rechtssprechung mit seinen ebensolchen Gerichten genau soviel, wie die seriös mit Lockmitteln werbenden Vermittlungsagenturen. Einen Schei§dreck.

Einigkeit. Recht und Freiheit? Moral? Menschenwürde? Bürger-, Menschen,- oder Verbraucherrechte? Fehlanzeige.

Was ist das?

Im Frühjahr 2007 da rief ich dummerweise auf ein Inserat in einer regional erscheinenden Tageszeitung, dem heute merkwürdiger aber durchaus verständlicher und nachvollziehbarer Weise nicht mehr existierenden BREMER ANZEIGER, an.

Die inserierte Dame hatte meine Aufmerksamkeit und mein Interesse geweckt. Einsam und allein gefühlt hatte ich mich nach überwiegend nur Enttäuschungen entschlossen dort mal anzurufen. Vorranging um mich zu erkundigen, wie und ob oder was man dafür tun muss, um die wie folgt inserierte Dame kennenlernen zu können.

Original-Kundenfoto

Annika, 27J. , richtig süß, schlanke Figur, lange Haare, natürlich z. Anschmiegsam. Möchtest du auch dein Herz vor lauter Glück ganz laut klopfen hören, möchtest du Zärtlichkeit spüren, jede Sekunde merken, dass du geliebt wirst? Ich bin ein fröhlicher Mensch, absolut treu, anpassungsfähig, kuschel gerne, mag Musik, schöne Filme – was hältst du davon, wenn wir uns schon morgen treffen? Melde dich mit CH-Nr. (1014/119846) über:

ᛞᛋᚻᚷᚻᛢᚻᛢᛚᚻᚳ ᛏᛁᚳᚷᚦᚦᚳ ᛃᛟᚷᛏ ᛢ ᛢᚦᚷᚳ ᛚᛁᚷᚷᛢ ᛢᛗᚷᚳ ᛢᚷᛢᛢᛚᚷᚳ
ᛢᚦᚻᚷᛋᚳᚷ ᛢᛟᚻᛢ ᛢᛚᛁᚳᛢᛟᛢᛚᚷᛏᛢᚻᚷ

Wer nicht wagt der nicht gewinnt und informieren kostet ja nichts. Schön und gut? Nein. Leider ganz und gar nicht. Ein Irrglaube, Fehlgedanke und Fehltritt den man sich im Leben nicht vorzustellen sich wagt, geschweige denn das erleben dürfen zu müssen und das auch noch vor den hiesigen Gerichten hier zu Lande. Eine Blamage mit absoluter rechtsstaatlicher psychischer Gewalt, die mich mein Vermögen und meine Zukunftsinvestitionen gekostet haben. Unglaublich? Ja, aber leider wahr.

Wieso, weshalb und warum? Ja, richtig. Genau das frag ich mich auch immer wieder mal, woraufhin ich mich entschloss alles mal aufzuschreiben. Nicht besonders erfreulich, erstrebens- und, oder wünschenswert. Nun ja. Es ist letztlich sowie es ist und daraus dieses Buch enstanden.

Die aufgeführte Kontaktanzeige diente der Erkenntnis nach lediglich nur zum Abschluss eines beabsichtigt nicht Erfüllen wollen und könnenden Dienstleistungsvertrages mit rechtswirksamen Leistungs- und Rechtsausschlüssen auf nahezu alles innerhalb kurz gehaltenen rechtsverbindlichen, jedoch aber nicht eingehaltenen, Fristen. Da die im Nachhinein verständlicherweise bereits abgelaufen sind oder waren bevor es eigentlich los ging und, oder es längst zu spät ist oder war auch überhaupt noch irgendetwas in einem diskriminierenden, bürger- und verbraucherunfreundlichem bzw. -feindlich gesinnten Rechtssystems und Rechtsstaates, indem sie mit halbwegs klarem Verstand überhaupt noch irgendetwas sinn- und, oder rechtsgemäß unternehmen können.

Die Situation ist in vielerlei Hinsicht, nicht nur rechtlich, nicht sonderlich angenehm, nachvollziehbar oder verständlich sondern vielmehr mit Absicht extra aussichtslos vertraglich so ausformuliert und gestaltet, dass sie im Rechtsstreit etwaiger Rechtsansprüche in welcher Hinsicht auch immer im Zweifel für den Angeklagten rechtsgemäß von ihren Vermögen, ihrer Zukunftsinvestition, ihrem Glück für Zwei, trotz gegenteilig vorliegenden Beweisen und Tatsachen, gesetzlich rechtsverbindlich und rechtswirksam problemlos entledigt werden können.

Das Verschieben etwaiger Beweislasten und Pflichten von Opfer nach Täter und andersherum ist aber scheinbar gängige Praxis. Einen in in Dumm-Und-Dämlich-Land nach Paragraph dumm und dämlich für dumm und dämlich und, oder saublöd zu verkaufen.

Einerseits wird das Interesse geweckt oder ist bereits vorhanden, aufgrund den erpresserischen, rechts-ausschließenden, aushebeln und umgehen könnenden und recht zwiespältigen und stark rechtslastigen sowie lästigen paragraphierenden und letztlich nur Leistungen einschränkenden und Recht ausschließenden Vertragsbedingungen sowie den stark aufkommenden Zweifel an den Dienstleistungen und den Geschäftspraktiken solcher Vermittlungsagenturen, hat man andererseits selbstverständlich erhebliche Bedenken und ein Problem mit der Glaubwürdigkeit und Seriosität.

Keine Frage. Doch was wollen sie machen? Entweder leben sie nach der Devise:

Glaub es oder lass es.

Friss oder stirb.

No risk, no fun.

Die psychologisch geschulten und ausgebildeten Vermittlungsberater, die ihnen die Agentur zur Beratung oder zutreffender gesagt zur systematischen vertragsrechtlichen Bearbeitung und Vermögensenteignung schickt, die wissen schon ganz genau sich ihre Unsicherheit und prekäre Lage anzunehmen und optimal für sich zu nutzen und mit professionell und seriös wirkendem Auftritt mit ihnen gemeinsam ihr Vertrauen zu gewinnen. Ist denen das erst einmal gelungen, dann sind nahezu alle Blockaden, Hürden und Zweifel beseitigt und dem Glück für Zwei steht so-gut-wie nichts mehr im Wege.

Es besuchte mich zu Anfang eine Frau mittleren Alters. Eine Pädagogin oder Psychologin. Es ging nicht um ein unverbindliches Beratungsgespräch sondern gezielt um ein Vertragsabschluss zur Partnervermittlung. Nein, nicht wirklich. Die Beraterin erzählte mir letzten Endes nach Methode genau das, was ich zu dem Zeitpunkt in meinem psychisch labilen Zustand hören sollte und wollte und nutzte die Gunst der Stunde, mich, nach mehrstündiger Beratung oder zutreffender gesagt Nötigungen und elendigen nicht Enden wollenden Diskussionen, für und gegen ein Glück für Zwei, insgesamt drei Dokumente und einen Vertrag unterschreiben zu lassen.

Dokumente und Verträge die man besser nicht, ohne die genaue Bedeutung des Inhaltes und vor allem den rechtlichen Konsequenzen verstanden zu haben, unterschreibt.

Doch zu spät. Das ist jedoch aber genau die Methode und Taktik dieser ihnen mit System nichts anbieten könnenden und wollenden Vermittlungsagenturen. Sie werden systematisch, Information für Information, zu ihrem Glück für Zwei beraten und erfolgreich bis zum Vertragsabschluss kompetent begleitet und vertraglich rechtswirksam, ohne irgendeine ihnen nützende oder zusagende Dienstleistung zu erfahren, ihres Vermögens enteignet.

Die Beraterin hatte einen mit ihrer Rhetorik und der Verharmlosung der Dokumente als branchenübliche Formalitäten im Beratungsgespräch und ihrer langjährigen Erfahrungen und Expertise in dem Geschäft seriös überzeugt. Zumal es zu dem Zeitpunkt weder um Geld noch um die genauen Kosten für eine einem eigentlich nicht zusagenden Dienstleistung ging. Die exorbitanten Kosten werden ihnen meist dann zum Schluss, nachdem man sie erfolgreich geködert hat, genannt. Qualität hat eben seinen Preis.

Was hat man denn auch schon großartig zu verlieren?

Genau. Nichts. Sie können eigentlich nur gewinnen. Ja, richtig oder eben auch alles verlieren? Alles oder Nichts. Stimmt. Die Partnersuche ist, insbesondere bei den auf Kundenfang stehenden schwarzen Schafen der seriösen Partnervermittlungsagenturen oder Datei- und Singlebörsen im Internet, zu einem kostspieligem Glücksspiel geworden. Je seriöser der Auftritt, desto miserabler wird es einem wohl aber ergehen und teuer zu stehen kommen.

Das heimtückische dabei ist, dass man einerseits interessiert daran ist die beworbene Person kennenzulernen, andererseits sagen einem die Dienstleistungen der Agenturen unter diesen vertraglichen Bedingungen und Konditionen sowie den aufkommenden Zweifel an der Seriosität jedoch überhaupt nicht zu. Eine scheinbar ausweglose Situation.

Was will, kann oder soll man da bloß machen?

Genau. Nichts. Nichts als die Polizei zu rufen. Einfacher gesagt als getan. Im Nachhinein ist man bekanntlich ja aber immer schlauer. Letztlich war man aber guter Dinge und daran interessiert sein Herzblatt zu finden. Es bleibt ihnen somit also nichts anderes übrig, als es über sich ergehen und sich die letzten Zweifel nehmen und das Vertrauen auf ein Versprechen geben zu lassen. Glück für Zwei. Etwas schöneres gibt es nicht. Keine Frage.

Vertrauen Sie mir. Uns.

Gemeinsam, statt einsam.

Ja, richtig.

Worauf und wozu also noch warten?

Ganz genau.

Die zu unterschreibenden Dokumente lauteten:

1.) Bestätigung
2.) Widerrufsbelehrung

und

3.) Zusatzvereinbarung

bis letztlich nach Bekanntgabe der Kosten, der Preis bzw. das Honorar am Ende des unkünd- und widerrufbaren Partnervermittlungsvertrag ans Tageslicht kommt.

4.) Partnervermittlungsvertrag

Ein Vertrag mit dem Paragraphendämon und dem Ausschluss von nahezu Allem. Eine Bedenkzeit gibt es verständlicherweise keine. Andernfalls würden man sich ja das Glück für Zwei sonst noch zweimal durch den Kopf gehen lassen und es sich wohl möglich doch noch anders überlegen.

Es besuchte mich, nach psychologisch motivierter Überredungskunst und Einredekunst und Vertragsabschluss, direkt am nachfolgenden Tag ein Mann, bedrohte mich und forderte mich trotz mehrmaligen Widerrufs auf mit Ihm zur Bank zu fahren. Es ging nicht ums Geld sondern vielmehr nur noch um das eigene (Über-)Leben und das zukünftige Glück für Zwei.

Es sollten daraufhin 15 Kontaktvorschläge zu 567 EUR das Stück individuell auf mich und meinem zuvor erstellten Profil in einem Depot zusammengestellt werden. Eine tolle Sache sowie es sich anhört und man erzählt bekommt und zu guter Letzt professionell und seriös im Auftritt aufgenötigt bekommt.

Guter Rat ist halt teuer und hat seinen Preis. Ganz klar. Irgendwie verständlich. Leider hat die Firma an dem Gesagten und Vereinbarten mit Ihren verklausuliertem und paragrafiertem Verträgen jedoch aber überhaupt gar kein Interesse daran. Im Gegenteil. Sie erhalten nur irgendwelche ihnen nicht zusagenden und überhaupt nicht dem zuvor erstellten Profil entsprechenden, alte, nicht zur Vermittlung stehende, also nicht mehr existente Kontaktvorschläge, FAKE's, übersandt.

Die Dienstleistungen gelten schlussendlich aber als vertraglich erfüllt. Genauso verläuft es dann oftmals dann auch bei den sich nahtlos anschließenden Rechtsstreitigkeiten aus den sich ergebenden Sachverhalt einer Klage wegen arglistiger Täuschung, Betrug, Sittenwidrigkeit und oder der Absicht auf Selbstbereicherung vor den hiesigen Gerichten ab.

Nach gut mehrstündiger Diskussion, Erpressung und Nötigung fand es dann letztlich mit dem Glück für Zwei ein Ende und ich fuhr mit dem Inkassobeauftragten nach De -eskalation zur Bank und zahlte nach Kreditaufnahme, wie vertraglich nicht vereinbart und widerrufen.

Argumentationen der psychologisch ausgebildeten Berater die letztlich bewusst und gezielt zum Vertragsabschluss und zur Selbstbereicherung führten:

Glück allein kommt selten von allein.

Du und ich. Hand in Hand wir gemeinsam finden ihr Herzblatt fürs Leben. Glück für Zwei. Garantiert. Versprochen.

Eine Investition in eine (gem-)einsame Zukunft.

Was gibt es doch nichts Schöneres als ein - Glück für Zwei? Keine Frage.

Worauf und wozu also noch auf sein Glück (für Zwei, der Agentur und den Recht§§taat) warten, wenn man es doch schon morgen in den Händen bzw. Händen halten kann?

Gute Frage?

Wie von den Beratern beabsichtigt hat man es sich am Ende irgendwie auch noch selbst ein- und schöngeredet und tatsächlich daran geglaubt. Es ging nachher alles von selbst. Verstehen tun sie das jedoch erst, wenn es zu spät ist und man sie letztlich Information für Information vertrauensvoll oder würdig, sprich Hand in Hand, erpresst hat mit dabei zu sein.

Dabei zu sein, wenn es heißt Ihr Herzblatt zu finden. Die Vertragsinhalte werden im Gespräch größtenteils verharmlost und Ihnen als handelsüblich und rechtlich unbedenklich verkauft. Die Bedeutung und möglichen Konsequenzen daraus werden Ihnen als Glück für Zwei und Investition in die Zukunft als Gewinn verkauft. Darüber hinaus erhalten sie auch noch einen Rabatt, als weiteres vom eigentlichen Vertragsinhalt ablenkendes Vorteil, uneingeschränkt weitere Kontaktvorschläge bis zum Erfolg abrufen zu können.

Was nicht heißt, dass die Vermittlung so seriös, wie beworben, erfolgreich verläuft. Nein. Es heißt vielmehr, dass seitens der Partnervermittlungsagentur überhaupt gar kein Interesse daran besteht überhaupt irgendetwas von dem vertraglich Besprochenem und Vereinbarten oder auch überhaupt nur irgendetwas in ihrem Interesse zu tun. Es dient lediglich der Vermittlung von Sicherheit und der Gewinnung ihres Vertrauens und um sie genau damit zu ködern und zum Vertragsabschluss zu bewegen oder zutreffender gesagt seriös unter Druck setzend dazu zu drängen und sonst nichts weiter.

Der Gedanke es gäbe tatsächlich ein Glück für Zwei ist eben einfach zu schön um wahr zu sein. Genau das nutzen die schwarzen Schafe der Partnervermittlungsagenturen schamlos für sich aus, um sie von Ihrem Vermögen zu entledigen.

Die Partnervermittlungsagentur hat lediglich nur ein Interesse und das ist sich mit ihren vermeintlich seriösen Dienstleistungen an Ihnen und ihrem Vermögen zu bereichern.

Es werden Ihnen dazu bewusst Dienstleistungen angeboten, die man Ihnen jedoch aber nach Ihren Interessen, Wünschen oder Vorstellungen überhaupt gar nicht bieten kann.

Pünktlich nach Ablauf der Widerrufsfrist von 14 Tagen erhalten Sie dann die ersten drei Kontaktvorschläge mit elektronischer Post.

Die Kontaktanzeige von Annika. Die inserierte Person auf die hin ich mich gemeldet hatte und laut Beraterin auch gut passte war natürlich nicht mit dabei.

Die in der E-Mail enthaltenen Kontaktvorschläge passten auch alle überhaupt gar nicht zu meinen zuvor gemachten Angaben und dem abgegeben Wunschprofil. Dann die Überraschung. Die vorgeschlagenen Kontakte waren gar nicht zu erreichen, existierten entweder gar nicht oder standen nicht zur Vermittlung.

Die Kontakte, die man erreichte, die waren verwundert und hatten sich dort wohl mal vor langer, langer Zeit kostenfrei aus Spaß angemeldet gehabt oder überreden lassen mitzumachen und vergessen sich wieder abzumelden. Super Kontakte. Super Partnervermittlung. Super Rechtsstaat.

Eine Rechtsklage hat mich dann samt Urteilsaufhebung und Umkehrung mit weiteren Leistungs- und Rechtsausschlüssen finanziell ruiniert. Außer Spesen nichts gewesen.

Vielen lieben Dank auch nochmals an den vertrauens- und glaubwürdigen Stadtstaat Bremen und seinen unabhängigen Gerichten und seinen vorsitzenden Richter für die faire Gerichtsverhandlung ohne jegliche Anhörung, Befragung oder Hinterfragung und der rechtmäßigen, vertraglichen Vermögensenteignung. Ohne Leistung, ohne Kommentar und ohne großen Worte hat man sich das erforderliche Recht zurechtgebogen und gelogen.

Wieso, weshalb und warum?

Gute Frage. Doch lesen sie selbst mit welchem Recht man sich die Zukunftsinvestitionen seiner potentiellen Kundschaft entledigt. Es ist ja eindeutig in der Urteilsaufhebung ersichtlich, dass die Verträge alles andere als erfüllt worden sind. Abgesehen davon das die Kontaktvorschläge alle nicht dem zuvor aufgenommen Profil entsprachen, sind ja noch nicht einmal 15 davon in einem Depot zusammengestellt worden.

Welches Recht ermöglicht es einen also mit solchen dubiosen Verträgen und solchen Dienstleistungen mit ausschließlich Leistungs- und Rechtsausschlüssen jeglicher zuvor getroffenen Verabredungen und Vereinbarungen unter dem Vorwand einsame Herzen zu verbinden oder das Glück für Zwei zu finden und zu verkaufen ohne überhaupt auch nur einen Funken Interesse an das Beworbene und Vereinbarte zu haben oder weder bieten noch leisten kann?

Die Vermittlungsagentur hatte weder mich interessierende oder meinem Profil entsprechende Kontaktvorschläge noch ein Interesse an einer erfolgversprechenden Vermittlung.

Die Firma wollte nur eines und das ist oder war sich ohne Zweifel und ganz offensichtlich zu bereichern. Ganz eindeutig und nichts anderes.

Die Verträge sind jedoch rechtlich in Ordnung und somit kann, nein, darf die Firma sie - IM NAMEN DES VOLKES - ohne auch nur ansatzweise einen Gegenwert leisten zu müssen mit SPAM und FAKE's Kontakten zu müllen und sie rechtsverbindlich um Ihr Vermögen erleichtern.

Entschuldigen sie bitte, wenn ich mich irre oder etwas völlig falsch verstanden habe. Doch da, wo ich ursprünglich herkomme und aufgewachsen bin, da nennt man das normalerweise Abzocke und schlichtweg Betrug.

Es wurde somit letztlich in meiner Geburts- und Heimatstadt - IM NAMEN DES VOLKES - kein Recht gesprochen sondern ganz klar und eindeutig Recht gebrochen und Betrugsbeihilfe geleistet.

Was eine Schande für die hierzulande missbilligenden und verachtenden Bürger- und Verbraucherrechte einer sich bürgernah, weltoffenen und gastfreundlich gebenden Freien Hansestadt nennenden Rechts- und Stadtstaat.

Dank der guten Zusammenarbeit der Staatsanwaltschaft und Rechtsverdreher vor Gericht, der Firma und der Stadt hat man mich meiner finanziellen Existenzsicherung und mein erarbeitetes und gespartes Vermögen über mehrere Jahre und der Investition in eine (gem-)einsame Zukunft mit dem tatsächlichem Irrglauben an ein Glück für Zwei sowie an einem freiheitlich, demokratisch denkenden und handelnden Rechtsstaatlichkeit, oder einem glaubwürdigen Rechtsverständnis davon, beraubt.

In diesem Sinne bleiben sie skeptisch und vorsichtig und auf der Hut, wenn sie mal nach dem kleinsten und ärmsten Bundesland Bremen kommen und vertrauenswürdig sowie gastfreundlich empfangen werden, so als ob man ihnen etwas Gutes tun, und, oder gar Glück (für Zwei) anbieten oder versprechen wollen doch letztlich aber nur der Schein trügt und gar keinerlei Interesse besteht sondern vielmehr nur Interesse ihnen mit dubiosen Geschäftspraktiken und recht bedenklichen und recht fragwürdigen Verträgen und Vertragsbedingungen mit ausschließlich Leistungs- und Rechtsausschlüssen auf nahezu alles nur schadet und sich nur an ihnen auf hinter- und widerwärtigster oder hinterfotziger Art und Weise bereichern will und sich dafür oder dazu nichts zu Schade ist und sogar bundesweit Gesetze aushebelt, umgeht und, sowie sogar noch oberste Gerichte ohnmächtig werden lässt, dann wissen sie nunmehr wieso, weshalb und warum.

Wenn es sie interessiert lesen sie dazu auch ein weiteres von mir publiziertes Buch - Das Leben einer Hure - mit weiteren Erlebnissen und Erfahrungen von und mit sexistisch gestörten, rechtsstaatlich sich prostituieren gehenden, geldgeilen Frauen und alleinerziehenden Müttern.

Zusammenfassung

Die Dienstleistungen bzw. Kontaktvorschläge sind nicht so wie beworben und vereinbart. Sie bekommen nicht das, was man Ihnen verspricht oder auch nur annähernd das was vereinbart wird – Glück für Zwei – sondern vielmehr nur vertraglich vereinbarte Rechtsausschlüsse und Paragraphen hinsichtlich des Vertragskündigungs- und Widerrufsrechts und den Ausschluss der allgemeinen Verbraucherrechte, die Ihnen in den darauffolgenden Rechtsstreitigkeiten wegen Abzocke, Betrug, Sittenverstoß, Selbstbereicherung, Täuschung, usw. alle Ihre Rechtsansprüche nehmen.

In meinem Fall, da wusste die Firma jedoch von Beginn an ganz genau, dass sie keine meinem Profil entsprechenden Kontaktvorschläge anbieten konnten. Andernfalls hätte die ja auch gleich sagen können, dass die Kontaktperson nicht mehr zur Vermittlung steht und das sie nach meinem angegebenen Wunschprofil gar keine Kontakte für mich haben. Doch das ist oder war denen völlig egal. Genauso egal, wie der Ausgang. Es ist nur eines von Interesse und das ist die Erfüllung des Vertrages in welcher Hinsicht auch immer und sei es eben mit Erhalt von unerwünschten, nichts- und niemanden nützenden und auch vertraglich nicht vereinbarten E-Mails, SPAM und Telefonaten, womit dieses Ziel mit Ablauf der Fristen etwaiger rechtlich geltend machen könnender Rechtsansprüche schnell erreicht ist.

Das wird es wohl letztlich sein, weshalb es auch rechtlich recht enttäuschend und rechtmäßig von schwierig bis unmöglich ist überhaupt etwas dagegen zu unternehmen. Denn sobald irgendwelche Dienstleistungen unabhängig davon, ob und wie diese oder nur zum Teil erbracht wurden, spielt nach geltendem Recht oder Moral keinerlei Rolle. Die Dienstleistungen der Partnervermittlung gelten, wie auch immer diese aussehen mögen, als erbracht.

Der blinden und größtenteils selbst nichts bestimmenden sondern vielmehr anschaffen gehen müssenden Bremer Stinkstiefel-Justiz sind die Geschäftspraktiken, insbesondere den Freien Huren- und Stadtstädten, bestens bekannt, kann da aber aufgrund den selbst dafür rechtlich geschaffenen Rahmenbedingungen nicht allzu oft und gerne nur mit verschlossenen Augen mitmachen.

Es scheint zu dem auch ein recht einträgliches Geschäft zu sein, sich an einsamen, vermögenden Herzen zu bereichern. Da gibt es weder Moral noch Recht. Da zählt nur eines. Profit und Einschaltquoten für eine neue Reportage im öffentlich-rechtlichen Fernsehen oder TV-Sendung im Privatfernsehen. Achtung Abzocke. Die bundesweiten Raubzüge seriöser Partnervermittlungen.

Doch lesen sie selbst, worauf man sich einlässt und wie man sich mit freundlicher Unterstützung der Regierung – IM NAMEN DES VOLKES – und zu seinem eigenen Wohle rechtmäßig seines Vermögens entledigt wird.

Eindeutiger, wie in meinem Fall, hätte es eigentlich nicht sein können. Es stimmte vertraglich überhaupt nichts und die Herzensdame auf die hin ich mich ausgerechnet bei dieser Agentur gemeldet hatte, die stand zu dem Zeitpunkt angeblich nicht mehr aktiv zur Vermittlung, Doch weshalb man ein- und dieselbe Kontaktperson noch Tage, Wochen, Monate und Jahre später immer wieder mal in diversen Kontaktanzeigen als aktiv suchend zur Vermittlung stehend findet.

Wie kann das bloß sein und angehen, dass die doch so anpassungsfähige, anschmiegsame Dame, die ganze Zeit, während mir der Prozess gemacht wird und mir meine über Jahre lang mühselig und hart erarbeite finanzielle Existenzsicherung und Zukunftsinvestition genommen wird, die Person in diversen Anzeigenmärkten bundesweit erscheinender Tagesblätter aktiv zur Vermittlung steht?

Belehrung

über das gesetzliche

Widerrufsrecht

bei sog. Haustürgeschäften

Ein Vertrag über entgeltliche Leistung (hier: Partnervermittlungsvertrag), den ein Unternehmer mit einem Kunden in dessen Privatwohnung schließt, kann gem. §§ 312 Abs. 1, 355 Abs. 1 BGB von dem Kunden innerhalb von 2 Wochen ohne Angaben von Gründen ohne Textform (z.B. Brief, Fax, Email) widerrufen werden. Die Frist beginnt frühestens mit dem Erhalt dieser Belehrung. Zur Wahrung der Widerrufsfrist genügt die rechtzeitige Absendung des Widerrufs. Der Widerruf ist zu richten an die Fa. ████████ ██ ████████████████.

Im Falle eines wirksamen Widerrufs sind die beiderseits empfangenen Leistungen zurückzugewähren oder, so weit dies nicht möglich ist, Wertersatz zu leisten.

....
(Ort, Datum)   Unterschrift

B E S T Ä T I G U N G

Ich bestätige hiermit, eine Durchschrift der Belehrung über das gesetzliche Widerrufsrecht erhalten zu haben.

....
(Ort, Datum)   Unterschrift

B E S T Ä T I G U N G

Hiermit bestätige ich, dass ich die Mitarbeiterin der Firma .... zu mir bestellt habe. Der Termin wurde nicht lediglich zu Informationszwecken sondern zum Abschluss eines Partnervermittlungsvertrages vereinbart.

....
(Ort, Datum)   Unterschrift

Der Auftraggeber beauftragt die Partnervermittlung mit der Dienstleistung gemäß der nachfolgenden Leistungsbeschreibung:

a) Umfangreiche Beratung im Rahmen eines persönlichen Gesprächs, in dem die speziellen Wünsche und Vorstellung des Auftraggebers von dem in Betracht kommenden Partner erfasst, besprochen und Stimmigkeiten untersucht werden. Hierbei wird ein schriftlicher Personalbogen und Personenwunschbogen erstellt (vorbereitende Leistung).

b) Die so herausgearbeiteten Daten werden bewertet und nach einem bewährten System sorgfältig mit den Kundebestand abgeglichen, um eine möglichst weitgehende Übereinstimmung der Partnerwünsche zu gewährleisten (vorbereitende Leistung).

c) Auf der Grundlage dieses Abgleichs stellt die Fa. spätestens innerhalb einer Woche nach Vertragsabschluss 15 Partnervorschläge (Partnerdepot) zusammen (Hauptleistung). Nach der Erstellung des Partnerdepots kann der Auftraggeber das komplette Partnerdepot wahlweise persönlich abholen oder postalisch anfordern, soweit es ihm nicht übersandt wurde. Die Reihenfolge der Kontaktaufnahme bestimmt der Auftraggeber selbst.

d) Als Alternative zur sofortigen Lieferung des gesamten Partnerdepots bietet die Fa. dem Auftraggeber als entgeltpflichtige Zusatzleistung an, das Partnerdepot für ihn für die Dauer von 6 Monaten zu verwalten und bei Bedarf zu aktualisieren. In diesem Fall erhält der Auftraggeber aus dem für ihn bereitgestellten Partnerdepot einen ersten Vorschlag unaufgefordert. Die restlichen Partnervorschläge kann er innerhalb der Vertragszeit jederzeit einzeln oder in beliebiger Anzahl abrufen, soweit sie ihn nicht bereits übersandt wurden.

8.500 €

Hiervon entfallen auf die Hauptleistung einschließlich der vorbereitenden Leistungen und 90% auf die Zusatzleistung. Macht der Auftraggeber von der Zusatzleistung keinen Gebrauch, entfällt der hierauf entfallende Honoraranteil.

Im Übrigen gelten für den Vertrag die folgenden allgemeinen Bedingungen:

1) Nach Übersendung eines Partnervorschlags ist es Sache des Auftraggebers, sich selbst um eine Kontaktaufnahme zu bemühen. Das Arrangieren von Treffen gehört nicht zum Tätigkeitsbereich der Firma.

2) Stellt sich bei der Kontaktaufnahme des Auftraggebers mit einem Vorschlagspartner heraus, dass dieser an einer Partnervermittlung nicht mehr interessiert ist, wird der Partnervorschlag ersetzt, sobald der Kunde die Firma hiervon benachrichtigt. Das gleiche gilt, wenn ein Vorschlagspartner auch mit Hilfe der Firma nicht erreichbar ist.

3) Partnervorschläge, die dem Auftraggeber nicht innerhalb einer Woche nach Erhalt bzw. Kontaktaufnahme der Firma gegenüber schriftlich beanstandet werden, gelten als vertragsgerecht. Eine räumliche Einschränkung der Partnervorschläge ist ausgeschlossen

4) Der Auftraggeber verpflichtet sich, die Firma schriftlich davon zu unterrichten, wenn er an Kontaktaufnahmen kein Interesse mehr hat oder sich seine Anschrift bzw. Telefonnummer geändert hat.

5) Die Firma übernimmt keine Garantie dafür, dass einzelne Vorschlagspartner an einer Kontaktaufnahme mit dem Auftraggeber interessiert sind. Ebenso übernimmt die Firma keine Garantie dafür, dass ihre Tätigkeit zu einer Bekanntschaft führt. Insbesondere erwirbt der Kunde durch den Abschlag dieses Vertrages keinen Anspruch auf Vermittlung auf bestimmter Personen, etwa aus Inseraten der Firma. Eine Vermittlung solcher Personen setzt eine ausreichende Übereinstimmung der wechselseitigen Partnerwunschvorstellungen und das Einverständnis des Wunschpartners voraus. Hinweis: Der Abschlussvertreter ist nicht berechtigt, dem Kunden Kontaktbereitschaft bestimmter Person verbindlich zuzusichern. Maßgeblich für den Vertrag ist ausschließlich der schriftliche Vertrag. Aus Gründen der Diskretion, die die Firma allen ihren Kunden verbindlich zusichert, erscheinen Inserate von Personen grundsätzlich nicht mit eigenem Namen. Dies gilt auch, wenn ein übergebenes Bild in einem Inserat verwendet wird.

6) Die dem Auftraggeber zur Kenntnis gelangten persönlichen anderer Partner suchender hat der Auftraggeber vertraulich zu behandeln. Eine Weitergabe an Dritte ist ihm nicht gestattet und verpflichtet zu Schadenersatz.

7) Der Auftraggeber erklärt sich damit einverstanden, dass die Firma nach Erfüllung dieses Auftrags seine Anschrift anderen Kunden zur Verfügung stellt, ohne dass dadurch für den Auftraggeber weitere Kosten entstehen. Soweit der Auftraggeber mit der Weitergabe seiner Anschrift nicht mehr einverstanden ist, teilt er dies der Firma schriftlich mit.

a) Der Partnervermittlungsvertrag kann von beiden Vertragsparteien auch ohne wichtigen Grund gem. §627 BGB gekündigt werden. Endet das Vertragsverhältnis vorzeitig, hat der Auftraggeber einen Anspruch auf Rückerstattung des nicht verbrauchten Honoraranteil. Näheres regelt Ziff. [10].

b) Der Anspruch auf Rückerstattung des nicht verbrauchten Honorars entfällt, wenn die Vertragsparteien das aus § 627 BGB resultierende Kündigungsrecht durch eine gesonderte Vereinbarung einvernehmlich ausschließen. Die Firma bietet dem Auftraggeber eine solche Vereinbarung an und gesteht ihm im Falle seines Einverständnisses wahlweise entweder einen Preisnachlass von 5% auf das vereinbarte Honorar oder das recht zu, auch nach Ablauf der 6 Monate bzw. nach Erhalt der vertraglich vereinbarten Anzahl von Partnervorschlägen, unentgeltlich weitere Partnervorschläge abzurufen.

c) Die Entscheidung, ob das Kündigungsrecht ausgeschlossen werden soll oder nicht, bleibt dem Auftraggeber überlassen. Sie berührt weder die Wirksamkeit des Partnervermittlungsvertrages als solches, noch das Recht der Vertragsparteien, den Vertrag aus wichtigem. Grund gem. §627 BGB zu kündigen.

8) Endet das Vertragsverhältnis aufgrund einer Kündigung des Auftraggebers gem. §627 vorzeitig, steht der Firma das Honorar wie folgt zu:
a) Vorab steht der Firma ein Teil des Honorars in Höhe der vertragsbezogenen Unkosten (insbesondere Provisionen) zu.
b) Das dann noch verbleibende restliche Honorar steht der Firma anteilig für die bis zum Vertragsende erbrachten Leistungen zu. Für die
Ermittlung der Leistungsanteile ist bei Leistung gem. Ziff. [a] bis [c] das Verhältnis zwischen geschuldeten und erstellten Partnervorschlägen maßgeblich. Leistungen gem. Ziff [d] werden zeit anteilig vergütet. Schuldet der Auftraggeber Wertersatz gem. §627 Abs. 2 BGB, wird dieser wie vorstehend ermittelt.

Geschäfts-Nr.: 16 C0038/08
Verkündet am 18.09.2008
gez. Lange
Urkundenbeamtin der
Geschäftsstelle

Amtsgericht Bremen

IM NAMEN DES VOLKES

URTEIL

Kläger

Prozessbevollm: Anwalt Kläger

Kläger

gegen

XXXXXGXXXXXXXXXBismarckstraßeXXXXXXXX,XXX4XXX6X
XXXXXXXXXXXXXXXX

Prozessbevollm: RA Lenzen, Fischer, Witteck,
Aschaffenburg

Beklagte

hat das Amtsgericht Bremen auf die mündliche Verhandlung vom 04.September 2008 durch Richter am Amtsgericht Maresch für Recht erkannt:

Die Beklagte wird verurteilt, den den Kläger € 1.000 nebst Zinsen hierauf in Höhe von 5 Prozentpunkten über den Basiszinssatz seit dem 21.02.2008 zu zahlen. Die Beklagte trägt die Kosten des Rechtsstreits.

Das Urteil ist vorläufig vollstreckbar. Die Beklagte kann die Vollstreckung durch Sicherheitsleistung in Höhe von 110% des nach dem Urteil vollstreckbaren Betrages abwenden, wenn nicht der Kläger vor der Vollstreckung in Höhe von 110% des jeweils zu vollstreckenden Betrages leistet.

Tatbestand

Der Kläger begehrt von der Beklagten Rückzahlung von € 1.000 nebst Zinsen als Teil eines auf einen Partnervermittlungsvertrag bezahlten Honorars.

Der Kläger wohnt in Bremen. Die Beklagte ist ein Partnervermittlungsinstitut aus Mönchengladbach.

Aufgrund einer in der Wochenzeitung „Bremer Anzeiger" geschalteten Kontaktanzeige rief der Kläger Anfang Juli 2007 bei der Beklagten an, um Kontakt zu der in dem Inserat vorgestellten „Annika" zu erhalten. Der genaue Inhalt des Telefongesprächs ist zwischen den Parteien streitig.

Am 10.07.2007 schloss der Kläger in seiner Wohnung einen Partnervermittlungsvertrag mit der Beklagten, die durch eine Außendienstmitarbeiterin vertreten wurde. Der von der vorformulierte Vertrag verpflichtete die Beklagte zur Erstellung und Verwaltung eines Partnerdepots mit 15 Partnervorschlägen für den Kläger. Als Honorar waren hierfür € 8.500 vereinbart. In dem Vertrag wurde vermerkt, dass der Kläger das Honorar durch Aufnahme eines Darlehens aufbringen würde. Gemäß Ziffer 5 des Partnervermittlungsvertrages übernahm die Beklagte keine Garantie für ein Interesse der Vorgeschlagenen an einem Treffen. Auch ein Anspruch darauf, bestimmte Personen aus den Inseraten der Beklagten kennenzulernen, wurde ausgeschlossen. Die Vermittlung sei nur bei entsprechender der Partnerprofile möglich.

Zusätzlich zu dem Vertrag unterzeichnete der Kläger ein Formular über die Belehrung über ein gesetzliches Widerrufsrecht bei Haustürgeschäften und quittierte, dass er eine Durchschrift der Belehrung erhalten habe. Er unterzeichnete eine Bestätigung, dass er die Außendienstmitarbeiterin der Klägerin zwecks Vertragsabschluss zu sich bestellt habe, sowie eine Zusatzvereinbarung über den Ausschluss des Kündigungsrechts nach § 627 BGB. In dieser - formularmäßigen Erklärung wurde entsprechend darauf hingewiesen, dass freiwillig und unabhängig vom Vertrag im Übrigen auf das Kündigungsrecht verzichtet und dafür eine Gegenleistung gewählt werden könne.

Der Kläger unterzeichnete das Formular und wählte als Gegenleistung für seinen Verzicht die unentgeltliche Lieferung weiterer Partnervorschläge ohne zeitliche Begrenzung. Der Kläger füllte einen Personalbogen aus, in dem er sich selbst und seine Wunschpartnerin beschrieb.

Am 12.07.2008 bezahlte der Kläger die Summe von € 8.500 in bar.

Er erhielt in der Folgezeit insgesamt 12 Partnervorschläge per E-Mail übersandt. Die Beklagte hat darauf hingewiesen, dass es dem Kläger frei stehe, weitere Partnervorschläge abzurufen. Am 12.07.2007 erhielt er zunächst drei Vorschläge. Danach beklagt der Kläger in einer E-Mail an die Beklagte vom 13.07.2007, er wolle nicht ausschließlich Mütter vorgeschlagen bekommen.

Darauf erhielt er am 15.07.2007 und 24.07.2007 jeweils drei weitere Vorschläge, wobei bei einem ausdrücklich auf ein Hinweis auf ein vorhandenes Kind beigefügt war. Am 08.08.2007 informierte der Kläger die Beklagte via E-Mail, er wolle nur noch kinderlose Frauen als Partnervorschläge. Er fragte nach, warum er „Annika" noch nicht kennenlernen konnte und äußerte Zweifel, ob es „Annika" überhaupt gäbe. Er erhielt noch am gleichen Tag drei weitere Partnervorschläge.

Die Daten der in dem Zeitungsinserat unter dem Namen „Annika" vorgestellten Person wurden dem Kläger nicht als Partnervorschlag übersandt.

Mit Schreiben vom 22.08.2008 kündigte der Kläger den Partnervermittlungsvertrag und forderte die Beklagte zur Rückzahlung der Provision auf. Mit Schreiben vom 18.09.2007 erfolgten eine erneute Kündigung durch den Rechtsanwalt und jetzigen Prozessbevollmächtigten des Klägers, sowie ein Widerruf und Anfechtung wegen arglistiger Täuschung. Es wurde eine Frist bis zum 01.10.2007 gesetzt. Mit Schreiben vom 24.09.2007 lehnte die Beklagte, vertreten durch ihre Rechtsanwälte, ab.

Der Kläger wiederholte seine Aufforderung mit Schreiben vom 18.10.2007 und drohte Klage an, die Beklagte lehnte mit Schreiben vom 25.10.2007 erneut ab.

Der Kläger behauptet, man habe ihm am Telefon gesagt, er könne „Annika" nur kennenlernen, wenn zuvor bei einem Treffen ein Profil von Ihm erstellt würde. Die Initiative für den Vertragsabschluss in seiner Wohnung sei von der Beklagten ausgegangen. Die Außendienstmitarbeiterin der Beklagten habe behauptet, ihren Ehemann auch über die Beklagte kennengelernt zu haben und das Honorar würde durch die Ersparnisse in einer schnell zu erwartenden Partnerschaft wieder aufgewogen.

Ein Exemplar der Widerrufsbelehrung habe der Kläger entgegen der Quittung nicht ausgehändigt bekommen. Die Mitarbeiterin der Beklagten habe zuerst die Widerrufsbelehrung durch die Zusatzvereinbarung über das Kündigungsrecht unterzeichnen lassen und danach den Vertrag vorgelegt.

Die später erfolgten Partnervorschläge seien alle unpassend und unbrauchbar gewesen. Die Beklagte habe „Annika" nur benutzt, um den Kläger zum Vertragsabschluss zu bewegen. Das Honorar sei unverhältnismäßig hoch und daher sittenwidrig.

Der Kläger beantragt, die Beklagte zu verurteilen, an den Kläger 1.000,- Euro nebst 5% Zinsen über den Basiszinssatz nach § 247 BGB seit Rechtshängigkeit zu zahlen.

Die Beklagte beantragt, die Klage abzuweisen.

Die Beklagte behauptet, der Kläger sei schon bei einem Anruf aufgrund des Inserats darüber aufgeklärt worden, dass ein Vertrag mir Honorar von mehreren tausend Euro geschlossen werden müsse, um die Dame seines Interesses kennenzulernen. Dafür würde der Kläger dann aber auch nicht nur einen sondern mehrere Partnervorschläge erhalten.

Bei „Annika" handele es sich um Frau ███████████, die eine zum damaligen Zeitpunkt ebenfalls vermittlungsbereite Kundin der Beklagten gewesen sei.

Das Gericht hat mit Beschluss vom 19.08.2008 gemäß § 128 III ZPO das schriftliche Verfahren angeordnet.

Entscheidungsgründe

Die Klage ist zulässig und auch begründet.

Die Zuständigkeit des Amtsgerichts Bremen folgt aus §§23, 71 GVG und § 29 c ZPO. Im Rahmen des § 29 c ZPO genügt es, dass das Vorliegen eines Haustürgeschäfts im Sinne des § 312 BGB schlüssig behauptet wird. Dies ist hier der Fall. Der Vertrag wurde unstreitig in der Wohnung des Klägers zwischen diesem als Verbraucher und der Beklagten als Unternehmerin geschlossen. Ihm wurde von der Beklagten auch ein Formular über die Belehrung über ein entsprechendes Widerrufsrecht zur Unterschrift vorgelegt.

Der Kläger hat einen Anspruch gegen die Beklagte auf Zahlung von € 1.000,- aus §812 IS.1 1.Alt, 142 I BGB. Die Beklagte hat die am 12.07.2007 vom Kläger gezahlten € 8.500,- ohne Rechtsgrund erlangt.

Der Partnervermittlungsvertrag vom 10.07.2007 ist § 142 BGB I von Anfang an nichtig. Der Kläger hat diesen Vertrag wirksam und fristgerecht wegen arglistiger Täuschung angefochten (§ 123 I, 124 I, 142 I BGB)

Zwischen den Parteien ist streitig, ob „Annika" eine tatsächlich existierende, vermittlungsbereite Person war oder nicht.Diese Frage kann hier aber offen bleiben. Hätte die Beklagte mit einer Person beworben, die nicht vermittlungsbereit war, so läge hierin eine arglistige Täuschung, die den Kläger zur Anfechtung berechtigen würde (vgl. BGH NJW 2008, 982 f.). Selbst wenn „Annika" aber vermittlungsbereit gewesen wäre, lag hier ein arglistige Täuschung im Sinne des § 123 I BGB bereits darin, dass die Beklagte den Kläger bewusst über den tatsächlichen Voraussetzung einer Kontaktaufnahme mit „Annika" täuschte.

Zwar schuldet die Beklagte nicht den Vermittlungserfolg, sie muss dem Interessenten, der sich auf eine Kontaktanzeige hin meldet, aber zumindest darüber informieren, von welchen Voraussetzungen eine Kontaktaufnahme und damit eine Vermittlungsmöglichkeit abhängt.

Schon in der Klageschrift trägt der Kläger vor, er habe bei der beklagten angerufen, um die Dame aus dem Inserat kennenzulernen (Blatt 3 der Akte). Hierbei soll ihm gesagt worden sein, er müsse ein Profil erstellen lassen, um „Annika" kennenlernen zu können. Aus der E-Mail des Klägers an die Beklagte vom 08.08.2007 ergibt sich, dass der Kläger bereits sehr früh Zweifel an Vermittlungsbereitschaft und gar Existenz von „Annika" geäußert hatte und sich beschwerte, dass sie ihm nicht vorgestellt werde.

Die Beklagte hat den Klägervortrag im Wesentlichen bestätigt. Sie hat vorgetragen, der Kläger habe bei einem Anruf Interesse an einer Dame aus einem Inserat geäußert (Schriftsatz vom 10.03.2008 Seite 11, Blatt 54 der Akte). Er habe erwarten können und müssen, dass ihm ein Vertragsangebot unterbreitet würde als Voraussetzung dafür, dass er nähere Angaben zur Dame seines Interesses erhalten würde (Schriftsatz vom 10.03.2008 Seite 12, Blatt 55 der Akte). Da die Beklagte nicht bestritten hat, dass die Dame, für die sich der Kläger interessierte, die besagte „Annika" war, hat sie somit selber vorgetragen, dass gegenüber dem Kläger ein Vertragsabschluss als Voraussetzung für die Kontaktaufnahme mit „Annika" genannt wurde.

Die Beklagte hat weiter vorgetragen, dem Kläger sei gesagt worden, durch den Vertrag würde er nicht nur einen, sondern mehrere Partnervorschläge erhalten (Schriftsatz vom 10.03.2008 Seite 13, Blatt 56 der Akte). Auch hierbei kann der Interessent, der sich gezielt auf eine Kontaktanzeige hin meldet, erwarten, dass der eine Partnervorschlag, für den er sich eigentlich interessiert, auch unter diesen mehreren Partnervorschlägen nicht enthalten ist.

Unabhängig davon, ob dem Kläger als Voraussetzung für die Kontaktaufnahme nur die Erstellung eines Profils oder ein Vertragsabschluss genannt wurde, sind ihm weder nach eigenem noch nach dem Beklagtenvortrag die tatsächlichen Voraussetzungen mitgeteilt worden. Der Vertrag schließt einen Anspruch auf Vermittlung verschiedener Personen aus Inseraten ausdrücklich aus und macht diese von Übereinstimmungen im Partnerprofil abhängig.

Der Vertragsabschluss allein gibt somit keinen Anspruch auf nähere Informationen zu „Annika" und erst Recht nicht auf eine Kontaktaufnahme. Dies steht im Widerspruch zu den von der Beklagten selbst vorgetragenen, ausdrücklich mündlichen Erklärungen Ihrer Mitarbeiterinnen gegenüber dem Kläger. Diese Erklärungen muss sich die Beklagte zurechnen lassen. Sie hat sich im Prozess auch zu Eigen gemacht.

Es ist nicht ersichtlich, ob der Umstand, dass der Kunde sich auf eine bestimmte Kontaktanzeige hin gemeldet hat, bei der weiteren Bearbeitung und der Erstellung seines Partnerdepots überhaupt berücksichtigt wird. Der Vertrag enthält zumindest keine entsprechenden Eintragungen oder Vermerke. Ob es Übereinstimmungen in den Partnerprofilen des Klägers und von „Annika" geben würde, war bei Vertragsabschluss völlig ungewiss und aufgrund der nur sehr allgemeinen Umschreibung im Zeitungsinserat verglichen mit den detaillierten Angaben in den Partnerprofilen eher unwahrscheinlich. Trotz des Inserats in einer Bremer Wochenzeitung wurde auch nicht darüber informiert,dass „Annika" möglicherweise gar nicht in Bremen oder Umgebung wohnt (der von der Beklagten vorgelegte Vertrag von Frau XXXXXXXXXX wurde in Mönchengladbach abgeschlossen), womit die Wahrscheinlichkeit für ein Treffen der beiden sich weiter verringert würde. Die Beklagte versucht im Normalfall, wie die Partnervorschläge des Klägers zeigen, wohnortnahe Vorschläge zu unterbreiten.

Hätte der Kläger gewusst, von welchen Voraussetzungen eine Kontaktaufnahme mit „Annika" tatsächlich abhängt und wie gering die Wahrscheinlichkeit einer solchen Kontaktaufnahme ist, so hätte er sein Willenserklärung auf Abschluss des Partnervermittlungsvertrages vom 10.07.2007 nicht abgegeben.

Auch wenn man vorliegend Arglist auf Seiten der Beklagten verneint, wäre die Klage gleichwohl begründet, denn der Kläger kann von der Beklagten die Rückgängigmachung der Vertrages unter dem Gesichtspunkt des Verschuldens bei den Vertragsverhandlungen (§§ 311 Satz 2, 241 Abs. 2, 249 Satz 1BGB verlangen.

Die Rückgängigmachung eines Vertrages unter diesem Gesichtspunkt setzt allerdings einen Vermögensschaden voraus, wobei ein solcher Schaden nicht nicht automatisch mit der Eingehung des Vertrages eintrifft, sondern bedingt, dass der Vertragsschluss für den Betroffenen unter Berücksichtigung der für die Schadensfeststellung allgemein anerkannten Grundsätze wirtschaftlich nachteilig gewesen ist (BGH, Urteil vom 26.09.1997 DS 1998, 25 ff.)

So aber liegen die Dinge hier.

In Anbetracht der nicht uneingeschränkten finanziellen Verhältnisse des Klägers, die dadurch gekennzeichnet sind und waren, dass der Kläger zur Finanzierung des Partnervermittlungsvertrages sein gesamtes gespartes Geld investieren musste, war der vorliegende Vertrag unter Berücksichtigung der vorstehenden Ausführungen, wonach der Kläger den Vertrage mit der Beklagten in der begründeten Erwartung geschlossen hatte, es bestehe die realistische Möglichkeit einer Kontaktaufnahme mit „Annika", subjektiv nicht sinnvoll, da – wie bereits aufgeführt – die Möglichkeit einer Kontaktaufnahme mit dieser wenig realistisch war.

Die Beklagte war daher in der Hauptforderung antragsgemäß zu verurteilen.

Der Zinsanspruch der Klägers ergibt sich als §§ 288, 291 BGB, wobei der Antrag auf 5% über dem Basiszinssatz als Antrag auf 5 Prozentpunkte über dem Basiszinssatz ausgelegt wird.

Die Nebenentscheidungen folgen aus §§91 I, 708 Nr. 11, 711 ZPO.

Gez. Maresch

Richter am Amtsgericht

Landgericht Bremen

Geschäfts-Nr.:2-S-327/08
verkündet am
gez. Diers
als Urkundenbeamtin
Der Geschäftsstelle

IM NAMEN DES VOLKES

URTEIL

in Sachen

Prozessbevollm: Anwalt Kläger

Klägers

gegen

XXXXXXXXXXXXXXXXXXXXXXXXXXXXXXXXXXXXXXXXXXXXXXXX
XXXXXXXXXXXXXX

Prozessbevollm: RA Lenzen, Fischer, Witteck, Aschaffenburg

Beklagte

hat die 2. Zivilkammer des Landgerichts Bremen auf die mündliche Verhandlung vom 23.April.2009 durch den Richter Ehlers als Einzelrichter für Recht erkannt:

Auf die Berufung der Beklagten wird das Urteil des Amtsgerichts Bremen vom 18.9.2008 aufgehoben und die Klage abgewiesen.

Der Kläger trägt die Kosten des Rechtsstreits.

Das Urteil ist vorläufig vollstreckbar.

Gründe

Wegen der tatsächlichen Feststellung wird auf das angefochtenen Urteil und den Vortrag der Parteien in der Berufungsinstanz Bezug genommen (§540Abs. 1 Ziff.1 ZPO). Die Berufung ist begründet. Der Kläger hat gegen die Beklagten keinen Anspruch auf Zahlung von 1000€ aus §812 Abs.1 S. 1,1. Alternativ BGB, weil die Beklagten diesen Betrag nicht ohne rechtlichen Grund erlangt hat. Rechtlicher Grund ist vielmehr der abgeschlossene Partnervermittlungsvertrag.

Dieser rechtliche Grund ist auch nicht nachträglich durch die vom Kläger Erklärte Anfechtung weggefallen. §§ 123, 142 BGB, weil es zumindest an der erforderlichen Kausalität zwischen einer Täuschungshandlung und dem Vertragsschluss fehlt. Dabei geht die Kammer davon aus, dass der Kläger durch die Anzeige motiviert wurde, Kontakt zur Beklagten Aufzunehmen. Zu diesem Zeitpunkt mag der Kläger Auch ein Interesse daran gehabt haben, Annika kennen zu lernen. Diese Absicht wurde dann aber nicht ursächlich für den Vertragsabschluss. Wäre es dem Kläger Entscheidend um das Kennenlernen der Dame „Annika" gegangen, hätte er unschwer bei Vertragsabschluss klarstellen und in den Vertrag aufnehmen können, dass es Ihm in 1. Linie um die Adresse von „Annika" geht.

Offensichtlich wollte der Kläger aber allgemein eine Partnerin kennen lernen, wie der weitere Verlauf zeigt. Wäre ihm „Annika" so wichtig gewesen, hätte er dich nicht wenigen weiteren Partnervorschläge der Beklagten nicht angenommen beziehungsweise gleich zurückgewiesen.

Ein etwaiges Anfechtungsrecht des Kläger Wäre im übrigen durch dieses Verhalten beseitigt, weil es als Bestätigung im Sinne des §144 BGB abzusehen wäre. Als der Kläger die weiteren Vorschläge der Beklagten Annahm, musste ihm bekannt sein, dass „Annika" nicht genannt wurde und – aus seiner Sicht – eine Täuschungshandlung vor Abschluss des Vertrages vorgelegen haben mag.

Der Anspruch des Kläger folgt auch nicht aus der Verletzung einer vorvertraglichen Aufklärungspflicht, weil dem Kläger bewusst sein musste, dass er durch den Vertrag lediglich die Chance erhält, Annika kennen zu lernen. Ihm musst auch klar sein, dass er die Kontaktdaten „Annikas" nur bei einer Übereinstimmung der wechselseitigen Anforderungsprofile würde erhalten können.

Insoweit bedurfte es keiner Aufklärung. Auch darüber hinaus sieht das Gericht keine Verpflichtung der Beklagten Über weitere Umstände, die von Vorteil oder Nachteil für den Kläger hätten sein können, aufzuklären, weil auch diese dem Kläger Bekannt sein mussten.

Der Vertrag ist auch nicht wegen eines auffälligen Missverhältnisses zwischen Leistung und Gegenleistung sittenwidrig und damit nichtig. §138 BGB. Schon die objektiven Voraussetzungen einer Sittenwidrigkeit können nicht festgestellt werden.

Die Beklagten Hat ihre Kalkulationsgrundlagen hinreichend dargelegt. Da der Kläger diesen Vortrag nicht substantiert bestritten hat, ist er zugrundezulegen. Im übrigen fehlt es auch an den subjektiven Voraussetzungen. §138 Abs. 2 BGB. Eine Unerfahrenheit des Kläger Ist weder hinreichend vorgetragen noch ersichtlich. Der Geschäftszweck der Beklagten Besteht für den Kläger erkennbar darin, ihm gerade bei der Partnersuche zu helfen, vgl. hierzu Beschluss des OLG Düsseldorf vom 14.1.2005, 7 U 128/04.

Dem Kläger steht auch kein Widerrufsrecht gemäß §355, 312 Abs. 1 BGB zu. Die Verhandlungen, die zum Abschluss des Vertrages führten, erfolgten auf vorhergehende Bestellung des Klägers. Er wusste, dass es sich bei der Beklagten Um eine gewerbliche Partnervermittlung handelte und die Unterzeichnung eines Vertrages sich auf Leistungen beziehen würde, deren Angebot er aufgrund seiner vorhergehenden Bestellung erwarten konnte, vgl. BGH NJW 1999, 575 f. Ihm musste auch bekannt sein, dass die einzelnen Konditionen der Verhandlungen vorbehalten sein würden.

Schließlich stand dem Kläger ein Recht zur Kündigung nicht zu, weil dieses wirksam ausgeschlossen wurde. Diese Ausschlussklausel ist schon deshalb nicht unwirksam, weil Sie den Kläger nicht unangemessen benachteiligt. Der Kläger erhielt vielmehr für den Ausschluss des Kündigungsrechts eine Mehrleistung und zwar einen Preisnachlass von 5% auf das vereinbarte Honorar und das Recht, nach Ablauf der Vertragszeit unentgeltlich weitere Partnervorschläge ohne zahlenmäßige Begrenzung abzurufen.

Die Voraussetzungen für die Wiedereröffnung der mündlichen Verhandlungen gem. § 156 Abs. 2 Nr. 1 ZPO liegen nicht vor. Eines Hinweises gemäß § 139 ZPO von der mündlichen Verhandlung bedurfte es nicht, weil die Beklagten In 1. und 2. Instanz unter Bezugnahme auf beigefügte Entscheidungen auf alle rechtlichen Erwägungen ausführlich eingegangen ist. Dies gilt auch für den Kläger, der sich mit der infrage kommenden Argumentation auseinander gesetzt hat. Im Termin wurde die Sach- und Rechtslage erörtert.

Dem Kläger wurde mitgeteilt, dass aus den Gründen des Beklagtenvortrags, insbesondere dem Nichtvorliegen eines Anfechtungsgrundes, ein Bereicherungsabsicht nicht gesehen wird. Da alle Sach- und Rechtsfragen schriftsätzlich umfangreich diskutiert worden waren, war ein solcher Hinweis weder geboten noch hätte er weiterführen können. Im übrigen hat der Kläger In Kenntnis der Ansicht des Gerichts verhandelt. Hätte er weiter vortragen wollen, hätte er dies beantragen können, diese Möglichkeit wäre ihm bei entsprechendem Antrag auch eingeräumt worden.

Die Revision wird nicht zugelassen, da die Rechtssache weder grundsätzliche Bedeutung hat noch die Fortbildung des Rechts oder die Sicherung einer einheitlichen Rechtsprechung einer Entscheidung des Revisionsgerichts erfordert (vgl. § 543 Abs. 2 ZPO)

Die Entscheidung über die Kosten der Verfahrens beruht auf §§ 91, 97 Abs. 1 ZPO, die über die vorläufige Vollstreckbarkeit aus §§ 708 Nr. 10, 713 ZPO.

gez. VRLG Ehlers

Für die Ausfertigung

Urkunkundsbeamt. Der Geschäftsstelle
des Landgerichts